Daniela Stumpf · Stolperstein

Daniela Stumpf

Stolperstein

Worte und Gedanken
über das Leben
und die Liebe

Satz und Layout: Buch & medi@ GmbH, München
Umschlaggestaltung: Kay Fretwurst, Spreeau unter
Verwendung einer Fotografie von Alice Müller
Herstellung: Books on Demand GmbH, Norderstedt
Printed in Germany
ISBN 3-0344-0197-3

Inhalt

Dafür danke ich Dir

Dir meine Freundin, die mich auf meinem Lebensweg so wunderbar begleitet und mich bei meiner Suche immer wieder aufs Neue unterstützt.

Dir mein Freund, der mich auf humorvolle und auch oft auf erotisch prickelnde Art zum Lachen bringt.

Dir Sunshine, der mich so vieles über die Liebe gelehrt hat.

Dir Mensch, dem ich in diesem Leben immer wieder begegne und mir auf wunderbare Weise hilft, das Leben zu geniessen.

Euch meine liebsten Kinder, die Ihr gerade dabei seid das Leben und die Liebe zu entdecken.

Euch, meine wunderbaren Eltern, weil Ihr mir immer wieder ein wunderbares Stück Heimat gebt, auch dann wenn ich glaube, diese verloren zu haben.

Kraftvoller Baum

Baum, wie bist Du schön und stark in Deiner Pracht.

Deine ganze Kraft ist Vertrauen.

Vertrauen, dass Dich der tobende Wind nicht umbläst.
Vertrauen, dass Dich die glühende Sonne nicht versengt.
Vertrauen, dass Dich die Kälte nicht erfrieren lässt.

Du weisst, dass sich der Sturm legt, die Sonne abends der kühlen Brise weicht. Du weißt, dass nach der klirrenden Kälte wieder Wärme Deine Zweige streichelt.

Du gibst Dich ganz hin im Vertrauen.

Tobt der Sturm des Lebens zu stark und bricht Dir ein Zweig, streckst Du Deine Wurzeln noch tiefer in die nährende Erde und lässt Neues an dessen Stelle wachsen.

Ich setze mich schützend zu Deinen Füssen, lehne mich an Dich und spüre Dich, Dein Leben, Deine wundervolle Kraft, die zu mir überströmt.
Ich möchte Wurzeln schlagen und genauso kräftig werden.

Ab und zu werde ich bei Dir anlehnen um Vertrauen zu fassen, Vertrauen in das Leben und in mich.

Wind

Der Wind bläst mir ins Gesicht mit seiner ganzen Kraft.

Ich lasse es zu. Schliesse die Augen und achte auf seine
Berührung.

Ich kann mich ganz diesem Streicheln hingeben.
Ich fühle mich geborgen.

Ich fühle wie Angst, Wut und Schmerz in mir aufsteigen.
Es ist gut so.
Der Wind versteht und streichelt mich.

Ich gestatte ihm meine Ängste, meine Wut und meine
Schmerzen fortzutragen.
Ich gestatte ihm, mein Herz zu durchfluten und frei zu
machen, damit Neues seinen Platz findet.

Ich fühle mich frei. Öffne die Augen und spüre, dass der
Sturm sich gelegt hat. Ein Lächeln huscht über mein
Gesicht.

Wind ich danke Dir.

Weiser Mann

Weiser Mann in mir.
Ich weiss jetzt, dass Du da bist. Dein Wissen ist
unendlich, voller Liebe und so kraftvoll.

Lange hast Du in mir geschlummert. Ich wollte Dich
nicht wecken. Es war mir klar, dass sich mein Leben
nach Deinem Erwachen ändern würde.

Die Angst vor Veränderung sitzt so tief.
Ich selbst schlummerte mein Leben vor mich hin.

Ich glaubte voller Liebe und offen zu sein.
Die Reise zu Dir war schmerzvoll.

Lang aufgebaute Schranken musste ich überqueren.

Tränen rannen über mein Gesicht.
Die Befreiung meiner eigenen mir auferlegten Ketten war
wie ein Erdbeben.

Die Kraft jedoch, die mich bei Deiner Begegnung
durchflutete war unbeschreiblich.

Weiser Mann, ich weiss jetzt, dass wir beide eins sind.
Ich spüre, wie sich das Wissen um die Liebe und die
Unendlichkeit in mir offenbart.

Leise kommst Du an die Oberfläche und wirst immer
lauter.

Ich höre Dich. Ich höre mich.

Ich lebe, ich liebe, ich bin.

Mir so vertraute Seele

Du, meine mir so vertraute Seele. Ich schaue Dich an
und ich sehe in Deine Augen.

Ein kurzer Moment genügt und ich weiss von tief innen,
dass wir schon manche Leben gemeinsam gegangen
sind.

Tiefe Liebe steigt in mir auf. Liebe für Dich, Mensch, dem
ich in diesem Leben das erste Mal wieder begegne.
Ich möchte Dich halten.
Fragen, lauter Fragen steigen in mir auf.

Ich überwinde meine Ängste, meine Zweifel und sage Dir,
was ich empfinde.
Von tief innen im Herzen.

Es ist mein Herz, das spricht.
Es ist Dein Herz, das antwortet.

Gemeinsam begleiten wir uns auch in diesem Leben.
Alles so vertraut. Keine Angst. Keine Scheu.
Vollkommenes Verständnis.
Unabhängig von Zeit und Raum.

Du darfst Deine Flügel behalten, so wie auch ich meine
behalten darf.

Deine Seele wird mich wieder aufsuchen und finden,
wenn es für Dich, für uns wichtig und richtig ist.

Bis an das Ende einer Zeit.

Stolperstein

Ich halte Rückschau auf mein Leben.
Viele unzählige müde, traurige und hoffnungslose Stunden habe ich verbracht. Menschen, Freunden bin ich begegnet. Ich teilte Lebensabschnitte und musste mich wieder von ihnen lösen.

Steine, Felsbrocken lagen da auf meinem Weg und ich empfand das Leben, mein Leben so ungerecht. Blicke ich heute zurück, bin ich dankbar um jede einzelne, wenn auch noch so schmerzhafte Erfahrung.

Nach jedem Sturz habe ich mich wieder aufgerichtet und ging gestärkt weiter. Ich wurde stärker, stolperte wieder und immer weiter so.

Ich begegne in meiner Rückschau all den Menschen, die für mich wichtig waren. Und ich weiss heute, dass mich jede Begegnung etwas gelehrt hat. Jede Begegnung war richtig und wichtig.
Jeder Stolperstein lag zur richtigen Zeit am richtigen Ort.
Ich bedanke mich dafür.

Heute und auch in Zukunft werden kleinere und auch grössere Steine meinen Weg zieren.

Ich begegne ihnen heute aufmerksamer als zuvor.
Jeder Stein hat eine Botschaft, ist Lehrstein und wird mich weiter bringen, ein Stück näher zu mir.

Trage ich die Liebe in meinem Herzen und bin ich offen für die Unendlichkeit der Liebe, so werde ich erkennen und nicht ganz so tief fallen.

Stolperstein, Du rüttelst mich wach, wenn ich unachtsam bin und meine Augen verschliesse. Dafür danke ich Dir.

Verzückt

Da lieg ich nun
und kann nicht ruhn.

Der Atem heiss, die Wangen rot,
und draussen naht das Morgenrot.

Ich glaub es klingt verrückt,
doch diese Nacht hat mich verzückt.

Spiegelbild

Du bist der Mensch, dem ich vertrauen kann.

Ich sehe Dir in die Augen und ich schaue tief in Deine Seele.

Manchmal frage ich mich jedoch, warum es mir so schwer fällt, Dich zu lieben. Dich zu lieben aus ganzem Herzen und Dich anzunehmen als das, was Du bist.

Wenn ich Dich so betrachte, fühle ich Deine Verletzlichkeit, aber auch Deine Stärke. Deine wunderbare Kraft zu lieben.

Je länger ich Dich betrachte, je mehr ich mich Dir öffne, erkenne ich Deine Schönheit und Deine Einzigartigkeit.

Du brauchst Dich nicht zu verstecken. Du bist gut so wie Du bist. Du fühlst, dass ich Dich annehme und Du lächelst mir zu.

Du lächelst aus dem Spiegel zurück.

Ich fühle mich wohl mit Dir, meinem Du, dass ich nun zu mir nehmen kann.

Rückzug

Ich gestatte mir, mich vom Leben da draussen für einige Stunden zurückzuziehen.

Ich werde ganz still.

Ich fühle mich All-Eins. Es ist wunderschön.
Die Ruhe in mir gibt mir Kraft. Kraft wieder aufzutanken.

Mein Herz öffnet sich. In meiner Hand halte ich eine weiche weisse Feder.

Sie füllt sich mit meiner ganzen Liebe. In Gedanken lasse ich sie davonschweben zu all den Menschen, die mir im Verlauf meines Lebens begegnet sind.

Berühre ihr Herz damit.

Die Feder findet den Weg zurück zu meinem Herzen.
Aufgeladen mit der wunderbaren Liebe aller.

Ich sitze da, bin ganz still und geniesse es mit mir, in mir zu sein.

Leicht wie eine Feder, weil ich die Feder bin.

Reisebegleiter

Immer wieder begegnest Du mir.

Meist dann, wenn ich offen bin und bereit einen Schritt
weiter zu gehen, treffe ich Dich, mein Reisebegleiter.

Ich habe Begleiter, die schon Jahre an meiner
Seite weilen. Begleiter, die immer zur richtigen Zeit
auftauchen.

Reisebegleiter, die mir den Weg in nur einem einzigen
Augenblick zeigen.

Ein Funke genügt.

Ein Funke, der in mir entfacht und mir Herz und Augen
öffnet.
Reisebegleiter, die mir helfen mich nach innen, zu mir
selbst zu begeben.

Ich scheu mich nicht Hilfe anzunehmen, von Dir Mensch,
mein Freund.

Ich scheu mich nicht auf Dich zu hören, Engel.

Meiner inneren Stimme zu folgen.

Ich danke Dir, mein Reisebegleiter.

Liebe

Viele Nächte habe ich geweint und glaubte Dich verloren.

Mein Herz war schwer, traurig und so unendlich leer.

Ich vermisste Deine zärtliche Wärme, die um meine Seele streichelt, mir mein Herz zum Blühen bringt und mir eine strahlende Schönheit verleiht.

Liebe, ich glaubte Dich verloren, glaubte Du seist mit dem Menschen mitgegangen, an den ich meine Liebe band.

Liebe, wie war ich blind.

Ich habe mich Dir verschlossen. Ich habe nicht zugelassen, dass Du meine Seele streichelst, mir mein Herz zum Blühen bringst und mich wärmst.

Liebe, ich habe Dich im Aussen gesucht.

Ganz still sass ich da, ganz still lauschte ich in mich hinein und plötzlich warst Du wieder da. Dein Streicheln, Deine Wärme und Deine Schönheit.

Ich wusste nicht um Deine unendliche Kraft, Deine Grosszügigkeit, Deine Geduld und Deine bedingungslose Wärme.

Liebe, ich habe Dich wieder gefunden, gefunden in mir.

Weil ich jetzt weiss, dass ich die Liebe bin.

Hilf mir Dich zu sehen, wenn ich mutlos bin. Hilf mir Dich zu spüren, wenn ich traurig bin. Hilf mir mich Dir zu öffnen, mich für mich selbst zu öffnen.

Lächeln

Leise kommst Du wie ein Hauch.

Lächeln, Du bist so schön und stark.

Erstrahlen lässt Du manchen Menschen,
wenn er Dich erblickt.

Lächeln, nie kommst Du mit Gewalt, immer kommst Du
sanft und anmutig.

Keinen lässt Du unberührt, immer bringst Du Licht und
Wärme.

Lächeln, lass mich Dich erblicken, immer wieder
immerfort.

Lächeln, Du kommst ganz tief von Herzen.

Bitte geh nie wieder fort.

Zweifel

Zweifel, Du bist mir sehr vertraut.

Es gibt Stunden, da bist Du nah bei mir. Stunden, in denen ich zweifle, zweifle an den Menschen, an der Liebe, am Leben und an mir.

Zweifel, ich möchte Dich nicht, ich liebe Dich nicht.

Zu oft schon hast Du mir dunkle Stunden bereitet.
Zu oft schon hast Du mich verunsichert.
Oft habe ich Dich von anderen Menschen übernommen
und zu meinem Zweifel gemacht.

Spüre ich jedoch tief in mich hinein, sollte ich Dich willkommen heissen und Dir dankbar sein.

Zweifel, wenn Du auftauchst zeigst Du mir, dass ich nicht bei mir bin, dass ich mich nicht wirklich spüre.
Zweifel, wenn Du da bist, weiss ich,
dass ich mir nicht mehr vertraue.

Zweifel, wenn Du mich besuchst, zeigst Du mir und lässt mich spüren, dass ich selbst der Zweifel bin.

Zweifel, ich nehme Dich an und versuche achtsam zu sein, auf meine innere Stimme zu hören und meiner Liebe in mir liebevoll zu begegnen.

Zweifel, ich schicke Dich nicht einfach fort, doch werde ich versuchen, Dich in Vertrauen umzuwandeln.
Vertrauen in mich selbst.

So darfst Du mich immerfort besuchen. Irgendwann wirst Du nicht mehr als Zweifel, sondern als Vertrauen zu mir kommen, weil ich dann Vertrauen bin.

Kind in mir

Kind in mir, Du willst fliehen.

Du fliehst vor mir. Ich lasse Dich nicht leben.
Ich lasse Dich nicht Kind sein.

Ich verdränge Deine Träume, Deine Wünsche, Dein
Lachen und Deine Fröhlichkeit.

Ich verdränge Dich, Du Kind in mir.

Ich habe Angst vor Dir.

Angst mit Dir zu wünschen, mit Dir zu träumen und zu
lachen.

Ich habe Angst mit Dir fröhlich zu sein.

Kinder sind frei. Du bist frei.

Doch wenn ich Dich leben lasse, muss ich zu Dir stehen,
zu Dir mein Kind in mir.

Ich bitte Dich, flieh nicht vor mir.

Lass mir Zeit, Dich zu entdecken,
Dich zu lieben,

mich zu lieben.

Herz

Rede ich mit dem Herzen und habe ich keine Angst zu
vertraut mit meinem Nächsten umzugehen, so kann ich
nichts falsch machen wenn mein Herz spricht.

Ich bleibe ganz bei mir und weiss, dass ich gut bin so wie
ich bin. Ich bin ehrlich zu mir selbst und somit auch
zu meinem Gegenüber.

Habe ich das Bedürfnis einem Menschen zu sagen, dass
ich ihn liebe, so tue ich es einfach.

Ich beschränke meine Liebe nicht, sondern lasse auch
andere daran teilhaben.

Die Liebe aus dem Herzen ist nicht gebunden, sie ist frei.
Ich bin frei, mein Leben so zu gestalten wie ich es
möchte. Ich versuche nicht zu klammern, sonst fühle ich
mich unfrei.

Ich freue mich über jede Herzensliebe, die ich empfange.
Aber ich erwarte sie nicht.

Lasse ich die Liebe fliessen, von mir zu den Menschen,
so werde ich feststellen, wie sich mein Herz öffnet und
sich mit Liebe füllt.
Wie es überläuft und ich immerzu meine
Liebe aussenden kann.

Wenn mein Herz spricht, kann ich nichts falsch machen.
Alles ist richtig.

Ich bin richtig.

Freund

Mein Freund. Lange haben wir uns nicht gesehen.

Eines Nachts rufst Du an. Du liegst im Krankenhaus.
Dein Gleichgewicht ist aus den Fugen.

Dein Körper, Deine Beine gehorchen Dir nicht mehr.

Ich höre Dir zu. Ich fühle Dich.
Deine Seele schreit nach Hilfe.

Ich bin für Dich da.

Helfe Dir, wieder zu Dir zu finden.
Helfe Dir, Dich für die Kraft zu öffnen,
die für jeden von uns da ist.
Helfe Dir, Deiner inneren Kraft bewusst zu werden.

Freund, ich bin da und begleite Dich.

Den Weg der Liebe zu Dir musst Du jedoch alleine beschreiten.

Du strahlst mich an, wie Du es noch nie zuvor getan hast.

Ich danke Dir dafür.

Ich danke der Liebe für diese Begegnung.

Eisberg

Betrachte ich die Menschen mit meinem Herzen, so schaue ich nicht auf ihr Äusseres, ihre Kleider oder ihren gesellschaftlichen Stand.

Öffne ich mein Herz und lasse meine Liebe fliessen, werde ich staunen wie sich mein Gegenüber verändert.

Lächle ich mit meinem Herzen von tief innen und liebe diesen Menschen in seiner Einzigartigkeit, so werde ich Eisberge zum Schmelzen bringen.

Bin ich mir meiner Liebe, meiner Ausstrahlung bewusst und bin ich ganz ich selbst, so werde ich mein Gegenüber zum Strahlen bringen.

Und die ganze Liebe wird auf mich zurückfallen mit ihrer ganzen wundervollen Kraft.

Mein Herz, mein Ich wird überfliessen und ich werde dem Himmel so nah sein, weil ich der Himmel bin.

Taube

Ich war noch ein Kind, als ich Dich in unser Haus holte.
Tief im Winter ging ich, wie so oft, alleine
in meinen geliebten Park.

Da lagst Du, halb tot und halb erfroren.

Die Menschen gingen an Dir vorbei. Mein Kinderherz wurde in diesem Augenblick riesengross. Ich hob Dich vorsichtig auf und packte Dich unter meine Jacke, um dann schnell mit Dir nach Hause, in die Wärme zu laufen.

Ich wusste damals noch nicht, dass man Euch Tauben nicht mochte. Ich liebte Dich vom ersten Augenblick und machte dies meinen Eltern mit solch einer Heftigkeit klar, dass sie nicht anders konnten, als mich gewähren zu lassen.

Es dauerte nicht lange und meine Eltern liebten Dich ebenso.

Du wohntest in einem weichen Nest, das ich aus einer Schuhschachtel für Dich bereitstellte. Langsam kehrte Leben in Dich zurück und Du benutztest mein ganzes Zimmer, um Deine Flugfähigkeit zu testen. Am Anfang half ich Dir.
Du warst noch zu schwach.

Die Zeit kam, um von Dir Abschied zu nehmen. Mir war schwer ums Herz. Zuvor jedoch bemalte ich Dich mit wasserfester Farbe. Ich wollte Dich wiedererkennen.

Es gefiel Dir überhaupt nicht.

Ich setzte Dich auf den Balkon, um Dir Deine Freiheit zurückzuschenken. Du hast gezögert, doch dann war der Drang zu fliegen stärker.

Ich sah Dir nach,
bis nur noch ein kleiner Punkt von Dir übrig war.

Am nächsten Tag jedoch schon, kamst Du zurück.
Du sasst auf dem Baum vor unserem Küchenfenster.
Ich erkannte Dich. Du warst bemalt. Jeden Tag warst Du da.

Dann bliebst Du eine Zeit weg, doch Du kamst zurück.
Du warst voll Kraft und Stolz. Neben Dir sass Deine süsse Lebensgefährtin. Ich sprudelte über vor Glück. Du hattest sie mir vorgestellt.

Ich weiss nicht, wie viele Jahre ein Taubenleben hat.
Doch während der ganzen Kind- und Jugendzeit warst Du da.

Heute, nach 30 Jahren an einem anderen Wohnort, glaube ich Dich wiederzuerkennen. Du sitzt
auf dem Balkongeländer in meinem neuen Zuhause.
Du reckst den Kopf zu mir, Deine Augen schauen mich unverwandt an und wir sind nur eine Armlänge voneinander entfernt.

Mir wird warm ums Herz.

Mein Verstand sagt mir, dass Du nicht die Taube von damals bist. Mein Herz belehrt mich eines Besseren.
Meine Liebe, die ich dieser Taube, Dir, damals geschenkt habe,
kehrt zu mir zurück.

Genauso kraftvoll und heftig.

Willkommen zu Hause, mein Freund.

Surprise

Das Leben selbst ist eine Surprise.

Packst Du es aus, so gefällt Dir vielleicht, was Du siehst.

Ob es Dir wirklich schmeckt, weißt Du erst, wenn Du
Dich traust es zu kosten.

Zwischen den Welten

Zwischen den Welten, fühle ich mich wunderbar.
Ich begegne meinem Ich voll Vertrauen.
Mein Herz sprudelt, mein Feuer brennt und ich bin durch und durch Frau.
Zwischen den Welten ist es ein Leichtes, meine Träume zu leben, mein Leben zu geniessen – zu sein wie ich bin.

Zwischen den Welten bin ich Dir begegnet.

Einem Du, das ein solch zartes Ich in sich trägt. Einem Du, das die Liebe verkörpert, das Leben und Feuer versprüht.

Dein Du versteckt sein Ich nicht, wirft sich voll Vertrauen mir entgegen. Ohne Furcht und Angst, ohne Scham und Scheu.

Dein Du lehrt mich Vertrauen, bringt mich zum Lachen macht mich glücklich.
In der Zwischenwelt darf ich mit Dir verschmelzen.

Eines Tages werde ich Dir in der Welt da draussen begegnen, eines Tages, wenn die Zeit reif dafür ist und das Vertrauen gross genug, um barfuss auf der warmen weichen Erde, in Wahrheit, gemeinsam mit Dir durch den Dschungel des Lebens zu gehen.

Wir werden das Leben zur Zwischenwelt machen und die Liebe leben und das Leben lieben.

Bis dahin lasse ich meine Seele mit Deiner tanzen.

Bis dahin werde ich einfach warten.

Was wäre wenn

Sunshine, Deine Strahlen wärmten mich bis tief in mein Herz.

Was wäre wenn

Dein Du, Deine Wärme, Deine Seele, Dein Lachen, Deine Gespräche, Deine Liebe, Deine Unvernunft, Deine übermässige Vernunft, das Kind in Dir hat meinem Leben Licht gegeben.

Was wäre wenn

Mein Ich, meine Wärme, meine Seele, mein Lachen, meine Gespräche, meine Liebe, meine Unvernunft, meine übermässige Vernunft, mein Kind in mir hat Deinem Leben Licht gegeben.

Was wäre wenn

Was wäre wenn wir dieser Liebe all unser Vertrauen geschenkt hätten, anstatt sie zu verleugnen?

Wir werden es niemals wissen.

Solong

Von Herzen hast Du mich angeschmunzelt, als wir uns das erste Mal begegnet sind.
Von Herzen schmunzelst Du noch heute wenn wir uns sehen.

Immer bist Du für mich da.

Zögernd nur, so schien es mir, konntest Du Dich an meine Offenheit gewöhnen. Nicht wirklich hast Du geglaubt, dass Du mir so viel bedeutest.

Solong, ich geniesse Deine Gegenwart.

Du lässt mich sein wie ich bin. Du drängst nicht, Du forderst nicht, Du weisst um das Band, das uns verbindet und hegst und pflegst es, um es ja nicht zu zerstören.

Dafür liebe ich Dich.

Solong, ich weiss um Deine tiefen unausgesprochenen Wünsche und Hoffnungen.

Ich bewundere Deine Kraft dieses Lodern in Schach zu halten, um einer tiefen Freundschaft, die ein Leben lang anhält, den Vorrang zu geben.

Solong, Du schaffst es ein Lächeln auf mein Gesicht zu zaubern.

Du reist mit mir zu heiligen Grotten und lässt mich innehalten, um zu mir zu finden.

Du hörst mir zu mit offenem Herzen und Du verstehst.

Solong, ich hoffe, dass Solong niemals Abschied bedeutet.

Solong, ich danke Dir für Deine Offenheit und Deine Liebe, die Du mir schenkst.

Niemandsland

Kein Land in Sicht.

Kein Platz, an dem ich ein Stück Heimat finde.

Ausgesetzt im Niemandsland.

Hungernd, frierend, leer und einsam.

Erde, Du bist so gross und schön. Ich weiss. Und doch
finde ich diesen Fleck nicht, auf dem mein Name steht.

Ein kleines Schild nur würde mir genügen, das erzählt,
wo meine Heimat ist.

Verloren im Niemandsland. Verloren in mir selbst.

Wo ist die Kraft, die mich trägt. Wo ist die Kraft, die
andere Menschen an mir lieben?
Im Niemandsland.

Irgendwo da draussen wartest Du auf mich, meine
Heimat.

Irgendwo da draussen glaube ich, sei ich geborgen.

Erde, ich weiss ich täusche mich.

Erde, ich weiss meine Heimat ist in mir. Meine Heizung,
mein Strom ist ausgefallen. Das Dach lässt den Regen
durch.
Die Mauern drohen einzufallen.
Erde, ich habe Dich verstanden.

Ich werde meine Mauern kitten, meine Heizung

reparieren, mein Dach decken und mir ein kleines Reich errichten, in dem ich mich wohl fühle.

Erde, ich bin wieder da.
Ich habe meine Heimat in mir gefunden.

Stumm

Stumm sitzt Du da und schaust mich an.

Stumm weinst Du vor Dich hin.

Stumm erzählst Du mir, dass Du mich liebst.

Stumm beantwortest Du meine Fragen.

Stumm erzählst Du, was Du fühlst.

Stumm empörst Du Dich über mein Verhalten.

Stumm lässt Du zu, dass ich mich von Dir entferne.

Stumm.

Sei lauter, ich kann Dich nicht verstehen!

Stumm.

Hörst Du mich?

Ich werde gehen!

Stumm.

Du möchtest reden?

Es tut mir Leid, mir hat es die Sprache verschlagen.

Stumm!

Einsamer Wolf

Du streifst durch die Wälder und bist
immer auf der Suche nach Nahrung, die Dich satt macht.

Täglich lauern Gefahren auf Dich. Täglich bist Du
auf der Suche nach ein bisschen Glück.

Du bist nicht zu zähmen.
Mutig bist Du, gross und stark und trotzdem scheu und
ängstlich wie ein Reh.

Wolf, in jedem von uns bist Du zu finden.

Ich spüre Deinen Drang nach Freiheit.
Ich weiss um Deine Klugheit

Wenn Du den Drang verspürst durch die Wälder zu
streifen, so ahne ich, dass ich Deinen Mut nicht erkenne
und Dich zum einsamen Wolf mache.

Wenn Du unruhig wirst, unterschätze ich Deine Grösse
und Deine Stärke.
Wenn Du mir den Rücken zudrehst, schenke ich Deiner
Klugheit nicht genügend Vertrauen.

Zeigst Du mir die Krallen, so weiss ich, dass ich Deine
Freiheit einschränke.

Einsamer Wolf.

Du brauchst nicht mehr durch die Wälder zu streifen.

Ich nehme Dich in meinem Rudel auf, weil ich erkenne, dass ich frei bin, weil ich um meine Klugheit, meine Stärke, meinen Mut und meine Grösse weiss.

Weil ich nun weiss, dass ich ein starker Wolf sein kann.

Sag niemals wieder

Sag niemals wieder

Ich liebe Dich über alles, aber es geht nicht!

In ein und demselben Satz.

Sag niemals wieder

Das Zusammensein mit Dir ist wundervoll, aber jetzt
habe ich leider keine Zeit mehr!

In ein und demselben Satz.

Sag niemals wieder

Mit Dir möchte ich mein Leben verbringen, aber ich kann
nicht!

In ein und demselben Satz.

Sag niemals wieder

Die Liebe mit Dir ist so wunderschön, aber jetzt muss ich
nach Hause!

In ein und derselben Nacht.

Ein Gläschen Wein

Ein Gläschen Wein
und ein bisschen lachen

Ein Gläschen Wein
und wunderbare Sachen machen

Ein Gläschen Wein
und das Leben geniessen

Ein Glässchen Wein
und Träume beschliessen

Ein Gläschen Wein
und glücklich sein

Ein Gläschen Wein
jetzt geh ich heim

Und was ist morgen?

Eine Tasse Tee
mir tut der Schädel weh

Heute habe ich so gelacht

Heute habe ich so gelacht

Ich lache noch immer

Es wird immer schlimmer

Ich lache Tränen

Muss ich mich dafür schämen?

Heute habe ich so geweint

Ich weine noch immer

Es wird immer schlimmer

Ich weine Tränen

Muss ich mich dafür schämen?

Geld, Moneten, Kröten

Geld, Moneten, Kröten

Ständig geht Ihr mir flöten

Ich gebe Euch die Freiheit und schlage für Euch Brücken

Doch was macht Ihr?

Ihr lasst Euch nie wieder blicken!

Geld, Moneten, Kröten

Ich bin in Nöten!

Ich kann Dich nicht kriegen

Ich kann Dich nicht kriegen und will dich trotzdem lieben.

Wie muss ich gefangen sein im Wirrwar der Gefühle,
dass ich nicht kapieren will, dass wenn sich beide richtig
lieben, die beiden sich auch wirklich kriegen.

Gestern, Heute, Morgen

Gestern war es schön.

Heute weiss ich es noch nicht.
Und morgen – das ist so oder so noch ganz ungewiss.

Wunder

Ich glaube an Dich

Es ist ein Wunder, dass es mich noch gibt.

Wunder

Ich glaube an Dich

Es ist ein Wunder, dass ich mich noch nicht bieg.

Wunder

Ich glaube an Dich

Es ist ein Wunder, dass ich noch steh und nicht lieg.

Wunder

Ich glaube an Dich

Es ist ein Wunder, dass ich noch nicht zusammenkrach.

Obwohl ich doch lauter dumme Sachen mach.